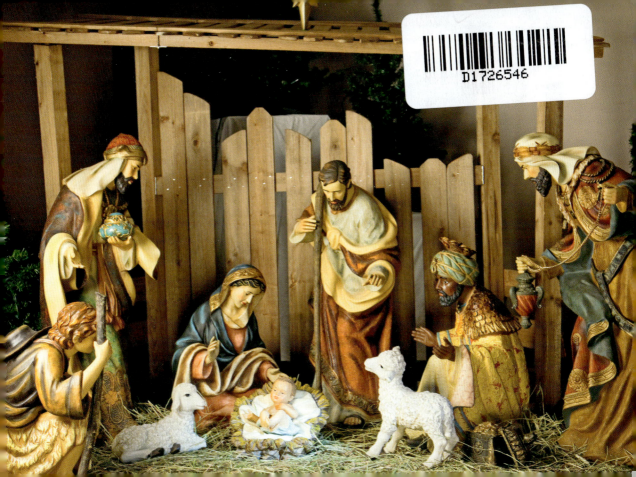

## 24.12.

Die Geburt Christi ist das göttliche Friedensangebot für eine verlorene Welt.

*P. Johannes Leppich*

# Adam und Eva, Paradies- und Christbaum

**24.12.**

Liturgisch treffen am Heiligen Abend Sündenfall und Erlösung, Tod und Leben zusammen: Am 24. Dezember gedenkt die Kirche des ersten (fiktiven) Menschenpaares, Adam und Eva, die im Buch Genesis erscheinen. Der Geburt des Erlösers in der Nacht vom 24. auf den 25. Dezember musste natürlich der Sündenfall vorausgehen. Weil Adam sich von Eva und der Schlange verführen ließ und vom „Baum des Lebens" eine Frucht gegessen hat, um zu „sein wie Gott", wurde das erste Menschenpaar aus dem Paradies vertrieben, kamen Sünde und Tod in die Welt. Durch Jesus Christus wurde die Sünde besiegt (Adam-Christus-Typologie). Weil Gott bei der Vertreibung der Ureltern aus dem Paradies der (alten) Eva vorausgesagt hat, sie werde der Schlange den Kopf zertreten, wird ihr die Mutter Jesu, Maria, als neue Eva gegenübergestellt (Eva-Maria-Typologie): „Maria hat uns wiederbracht, was Eva hat verloren." Der Baum der Sünde (Paradiesbaum) und der Baum des Lebens (Lebensbaum = Kreuz) zeigen, wie aus dem Tod das Leben ersteht. Entsprechend diesem Verständnis ging dem mittelalterlichen Christgeburt- oder Krippenspiel ein Paradiesspiel voraus, in dem Adam und Eva und die Schlange vorkamen. Der Paradiesbaum (mit Äpfeln) blieb beim Szenenwechsel stehen. Aus ihm entwickelte sich der Christbaum, der mancherorts auch als Adamsbaum bezeichnet wurde.

# 23.12.

Die Geburt Jesu in Betlehem ist ein Geschenk, das immer bleibt.

*Martin Luther*

# Erinnerung

23.12.

Einige Wochen der Vorbereitung auf die Geburt Jesu liegen hinter uns. Bald ist es so weit. Wer mit Kindern zu tun hat, spürt vielleicht die Hoffnung auf die Erfüllung eines Wunsches, die Vorfreude, die Anspannung. Bei den Erwachsenen herrscht manches Mal das Gefühl vor: „Hoffentlich geht alles gut!" Die Vorbereitungen können anstrengend sein, schließlich sollen sich alle Mitfeiernden, ob als Gast oder Gastgeber, wertgeschätzt und wohl fühlen. Doch was ist mit meiner persönlichen Erwartung an das Fest der Liebe? Meine Erwartung an die, mit denen ich feiere, zu Hause, in der Familie, in der Kirche, in der Gemeinschaft. Kann ich jeder Situation so entgegengehen, dass ich in meinem Herzen spüre, gut vorbereitet zu sein auf den, der in mein Leben hineingeboren wird und der mein Leben tragen möchte?

Herzlichen Glückwunsch zur Geburt! Der Anblick Neugeborener erweicht unsere Herzen, in die wir sie aufnehmen. Wir zeigen Fürsorge, Liebe, vermitteln Geborgenheit. Wunderbare Eigenschaften, die den Start ins Leben versüßen. Wir feiern morgen Heiligabend. Jesus wird geboren und als Heiland in unsere Herzen aufgenommen. Weihnachten ist die Erinnerung daran, dass Jesus auch in mir geboren wurde und immer wieder neu geboren werden möchte. Mir schenkt er seine Fürsorge, seine Liebe, seine Geborgenheit.

22.12.

Komm, Heiliger Geist!

# Der Heilige Geist –
# Gottes Weg zu uns

Viele glauben heute nicht mehr an das biblische Weihnachtsgeschehen: Das Kind, das Maria erwartet, ist vom Heiligen Geist. Das lässt sich kaum glaubhaft erklären. Kinder werden (ungeachtet der heutigen medizinischen Möglichkeiten) gezeugt durch einen Geschlechtsakt von Frau und Mann.

„Empfangen vom Heiligen Geist" klingt sehr naiv, unwissenschaftlich. Wir haken es eher als Legende ab. Damals auf dem Dorf wird man auch gemunkelt haben: Verlobt und schon schwanger? Nach dem Gesetz war für „Fremdgehen" die Todesstrafe vorgesehen, genauso wie heute noch in manchen islamischen Ländern. Das hat Josef Maria erspart. Gott wirkte im Traum auf ihn ein. Sein Engel erklärte, dass Maria ihm treu geblieben war. Auch wenn das schwer zu verstehen ist. Es geht um unsere Glaubensüberzeugung. Es geht nicht um Details, kleine Widersprüche, sondern um den Kern, in dem die Botschaft Gottes lebendig ist. Der Umstand der Schwangerschaft Mariens bleibt ein Geheimnis, ihr Geheimnis. Wir Christen glauben an die Menschwerdung Gottes, der einen Weg gegangen ist, dessen Ziel wir sind. Gott wird Mensch und kommt uns nahe. Gott ist mit uns, mit mir, in all meinem Handeln. Eine bedenkenswerte Angelegenheit.

## 21.12.

Was kann das Holz dafür,
wenn es als Geige erwacht?

*Arthur Rimbaud*

# Irritierender Stammbaum

21.12.

Der Stammbaum Jesu passt zum Advent und ist alles andere als langweilig. Dieser Stammbaum, mit dem das Matthäus-Evangelium „eröffnet" wird, geht zurück über König David bis zu Abraham, dem Stammvater des jüdischen Volkes. Jesus ist ganz verwurzelt und beheimatet in diesem Volk. In ihm erfüllen sich die Verheißungen des Retters von Jesaja und den anderen Propheten. Jesus ist nicht einfach vom Himmel gefallen, obwohl er von Gott gekommen ist. Gott hat ihn in die Geschichte Israels hineingepflanzt. Im Stammbaum Jesu tauchen Gestalten auf, die nicht sehr makellos waren (z. B. der Ehebrecher David). Sie stehen außerhalb der normalen Lebensläufe. Warum werden gerade sie genannt? Vielleicht weil sie wache und leidenschaftliche und suchende Menschen sind? Das scheint Gott wichtig zu sein. Aber auch, weil sie tatsächlich dazugehören. Sie werden nicht verleugnet, obwohl sie teilweise so anstößig sind. Gott schert sich nicht um unsere Klassifizierungen. Und Jesus nimmt diese Spur auf, erklärt sie zum Weg für uns. Der Umgang Gottes mit gescheiterten Existenzen fordert uns zum Umdenken auf. Gott ist und bleibt für uns Menschen überraschend, oft irritierend, weil er umwälzende Liebe ist.

# 20.12.

Jubeln werden die Wüste und das trockene Land, jauchzen wird die Steppe und blühen wie die Lilie.

*Jesaja 35,1*

# Gott kommt

20.12.

Während der Adventszeit werden wir oftmals mit den Rufen Jesajas und seinem Ringen mit Gott konfrontiert. Eine Wüste, die frohlockt, eine Steppe, die jubelt – das überschreitet alles, was wir uns vorstellen können. Jesaja sagt seinem Volk überzeugt und eindringlich: „Gott kommt." Und auch wir dürfen darauf hoffen und die Adventszeit nutzen, diese Hoffnung auf das Kommen Gottes zu leben, Advent intensiv zu gestalten. Dafür kann es sehr hilfreich sein, sich mit den Propheten und Psalmen des Alten Testaments auseinanderzusetzen.

Es geht darin um die Armen; um die, die müde sind von den Anstrengungen des Lebens. Um die, die blind und taub und auf Barmherzigkeit angewiesen sind; um die Stummen, die nicht für sich selbst reden können.

Jesaja holt mit seinen Texten den Advent aus den gemütlichen Wohnzimmern und lädt ein, dorthin zu blicken, wo nicht alles heil, wo es unangenehm ist. Da wird Gott sich hineingebären lassen von Maria. An einen abgelegenen, ärmlichen Ort, wo Tiere ihr Futter finden und Schutz vor Wind, Wetter und natürlichen Feinden.

Gott kommt mit seiner Gerechtigkeit, mit geheimnisvoller göttlicher Macht. Gott kommt, vielleicht genau dahin, wo ich unfreiwillig stehe und wo ich niemals einen Schutzraum vermutet hätte.

# 19.12.

Der Körper ist der Übersetzer der Seele ins Sichtbare.

*Christian Morgenstern*

# Geschmorter Zuckerhut
## mit Kräuterwedges

**19.12.**

### Zutaten

300 g Zuckerhut, in grobe Streifen geschnitten
etwas Olivenöl
150 ml Gemüsebrühe
einige Koriandersamen, im Mörser zerstoßen
etwas Schwarzkümmel, im Mörser zerstoßen
1 TL Hanfsamen
1 EL Honig
300 g festkochende Kartoffeln, in Spalten geschnitten
nach Geschmack frische Kräuter, z. B. Rosmarin, Thymian, Majoran
Kräutersalz
etwas bunte Gewürzmischung zum Garnieren

### Zubereitung

Die Zuckerhutstreifen im Olivenöl anschwitzen und mit der Gemüsebrühe weich dünsten. Koriandersamen, Schwarzkümmel, Hanfsamen und Honig zugeben und abschmecken.

Die Kartoffelspalten auf ein mit Backpapier ausgelegtes Backblech legen, mit den klein gehackten Kräutern bestreuen und mit Olivenöl beträufeln. Im Backofen bei 180 °C ca. 30 Minuten goldgelb backen, dann mit etwas Kräutersalz abschmecken bzw. nach Lust und Laune mit einer bunten Gewürzmischung bestreuen und mit dem Zuckerhut servieren.

### Wissenswertes

Geschmacklich hat der herb-bittere Zuckerhut wenig mit seinem süßen Namensgeber gemein. Er ähnelt den Wintersalaten Chicorée und Radicchio und lässt sich roh ebenso wie gegart, gegrillt oder gekocht verzehren.

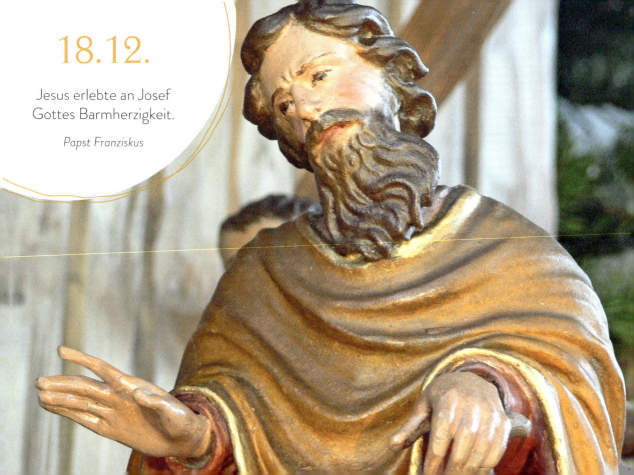

# 18.12.

Jesus erlebte an Josef Gottes Barmherzigkeit.

*Papst Franziskus*

# Recht haben,
## was bedeutet das für mich?

18.12.

In diesen Tagen hören wir wieder von der Herausforderung, vor die Josef gestellt wurde. Er verlobt sich mit einer jungen Frau und verlässt sich auf ihre Treue. Er weiß, wenn nur ein Hauch von Untreue erkennbar wird, zerfetzen sich die rechthaberischen Mäuler. Nun steckt Josef in einer Zwickmühle: Anscheinend ist Maria, die Frau, die er heiraten will, durch Untreue schwanger geworden. Was für ein menschlicher und juristischer Skandal! Von Josef lernen wir jedoch, dass Menschen sich durchaus mit Liebe und Hingabe entscheiden können, nicht nur ihr eigenes Gesicht, sondern auch das Gesicht anderer zu wahren. Josef steht zu Maria und will ihrem Kind ein Vater sein.

Wir alle haben gern recht, weil es uns guttut. Von diesem Gefühl kann sich wohl kaum ein Mensch frei machen. Die Fastenzeit bietet die Möglichkeit, sich einer besonderen Herausforderung zu stellen, die die Seele reinigen kann. Wie Josef in der vorgeburtlichen Geschichte Jesu können wir versuchen, auf das Rechthaben zu verzichten. Zuerst müssen wir uns fragen, in welchen Situationen wir auf unserem Recht beharren, obwohl wir vielleicht damit uns und anderen schaden oder uns Gottes Plänen in den Weg stellen. Josef jedenfalls hat in Marias Schwangerschaft Gottes Wirken erkannt und auch anerkennen können, weil er Gottes Größe mehr zutraute als den Gesetzen der damaligen Zeit.

# 17.12.

Tauet, Himmel, von oben!
Ihr Wolken, regnet den Gerechten.

*Bibel, Jesaja 45,8*

# Rorate-Messen

17.12.

*„Rorate, caeli, desuper, et nubes pluant justum"* – diese Worte aus dem Buch Jesaja übersetzt ein bekanntes Lied: „Tauet, Himmel, den Gerechten, Wolken, regnet ihn herab!" So beginnt das Eingangsgebet der sogenannten Rorate-Messe, einer Votivmesse zu Ehren der Gottesmutter im Advent. Vor allem in den Alpenländern war dieser Gottesdienst auch unter dem Begriff Engelamt bekannt und beliebt. Rorate-Messen wurden meist auf Jahre „vorausbestellt" und am frühen Morgen vor dem ausgesetzten Allerheiligsten gefeiert. Der Kirchenraum wurde nur durch Kerzen erhellt. Mit besonderer Feierlichkeit beging man das Rorate-Amt am Quatember-Mittwoch der Adventszeit, man feierte die sogenannte Goldene Messe. Die Bedeutung dieser Messe strahlte so sehr aus, dass die Rorate-Messen in manchen Gegenden allgemein „gulden mehs" hießen. Die ausgeprägte Lichtsymbolik verweist auf Christus. Der Volksglaube schrieb den Rorate-Messen besondere Wirksamkeit zu: für die Familie, die Lebenden, die Toten, aber auch für das Vieh, Haus und Hof. Fruchtbarkeit im kommenden Jahr sollte durch die würdigen Gottesdienste erwirkt werden.

Bis zur Liturgiereform wurde die Rorate-Messe mancherorts vom 17. bis 24. Dezember täglich gefeiert. Heute sind diese besonderen Eucharistiefeiern nur noch an den Werktagen des Advents bis einschließlich 16. Dezember gestattet. Die Advent-Erwartung der Menschwerdung Christi und die Erwartung der Wiederkunft Christi verbinden sich darin miteinander.

# 16.12.

Der Mensch ist, was er isst.

*Paracelsus*

# Gemüse im Glas

16.12.

### Zutaten
250 g buntes Gemüse,
   z. B. Karotten, Sellerie, Erbsen
200 ml Gemüsebrühe
50 g Kartoffeln
200 g Sauerkraut
1 TL Hanfsamen
1 EL Balsamico- oder Apfelessig
etwas Hanföl
Kräutersalz
frische Kräuter, z. B. Schnittlauch

### Zubereitung
Das Gemüse zerkleinern und in 150 ml Gemüsebrühe dünsten, abkühlen lassen. Die Kartoffeln kochen und dann ebenfalls auskühlen lassen. In Scheiben schneiden und mit dem Gemüse und dem zerkleinerten Sauerkraut in eine Schüssel geben.
Etwas Gemüsebrühe, Hanfsamen, Essig und Öl vermengen und die Gemüsemischung damit marinieren. Mit Kräutersalz abschmecken und nach Geschmack mit gehackten Kräutern garnieren.

**Tipp:** Gemüse im Glas lässt sich wunderbar vorbereiten und ist eine sinnvolle Mahlzeit für unterwegs. Sie können es z. B. für eine Fastenwanderung als gesunden Proviant mitnehmen.

# 15.12.

Wenn Gott dir eine Tür zuschlägt,
öffnet er dir ein Fenster.

*Aus Russland*

# Gottes Erbarmen

15.12.

Im Laufe des Lebens stellen sich wahrscheinlich alle Menschen einmal die Frage: „Hat Gott mich mit dieser Situation oder jener Katastrophe bestrafen wollen? Was habe ich falsch gemacht? Wofür bestraft Gott mich?" Diese Fragen sind verständlich und zeigen, dass unser Gewissen einräumt, auch Fehler zu machen. Doch nicht alles, was uns geschieht, können wir als Gottes Handeln an uns interpretieren. Sicherlich können wir es als Segen und Geschenk Gottes empfinden, wenn es uns gut ergeht. Wir sollten allerdings nicht glauben zu wissen, was Gott tut oder warum er handelt.

Wenn Gott uns beispielsweise eine Tür vor der Nase zuschlägt, empfinden wir das im ersten Moment als durchkreuzte Lebensplanung. Vielleicht aber schützt Gott uns auf diese Weise. Wenn unser Leben nur gut läuft, verrennen wir uns leicht in Hochmut oder den Irrtum, Gott im Alltag nicht zu brauchen. Ein Sprichwort sagt: „Wenn Gott dir eine Tür zuschlägt, öffnet er dir ein Fenster." Gott ist kein strafender, sondern ein liebevoller Gott. So schreibt Jesaja tröstend: „Meine Huld wird nicht von dir weichen und der Bund meines Friedens nicht wanken, spricht der Herr, der Erbarmen hat mit dir" (V. 54,10b).

## 14.12.

Lasst uns das Licht
auf den Leuchter stellen.

*Nach Matthäus 5,15*

# Adventsmenschen
## sind lebendige Lichtquellen

14.12.

Die dunkle Jahreszeit mit all ihren künstlichen Lichtquellen, die Helligkeit und das Gefühl wohliger Wärme verbreiten, erinnert an heilige Frauen und Männer, die zu lebendigen Lichtquellen wurden. Sie haben, so wie Jesus als das Licht der Welt, ihr Leben danach ausgerichtet, für andere Licht zu sein.

Wir bereiten uns zur Erinnerung an Jesu Geburt jährlich immer wieder neu auf die Heilige Nacht vor. Neben der Vielzahl an Verpflichtungen wie Weihnachtsfeiern, Adventsbasare, Konzerte usw. beschäftigen wir uns mit der Auswahl von Geschenken. Die Wohnungen werden je nach Familientradition mehr oder weniger aufwendig geschmückt und das Festmenü geplant. All diese Aktivitäten können für andere zum Licht werden. Feiern und Besuche, bei denen Menschen Zuwendung erfahren; kleine Präsente, die vermitteln: „Du bist mir wichtig"; gemeinsame Essen, die dafür sorgen, dass es Leib und Seele gut ergeht. In dieser Zeit denken wir vielleicht intensiver an die eigene Kindheit, die Erfahrungen, Wünsche, Ansprüche, Hoffnungen, Sehnsüchte, die uns schon von klein auf begleitet haben. Gute und ungute Erinnerungen paaren sich mit neu Erlebtem. In jeder ehrlich zugewandten Handlung verbergen sich Lichtstrahlen, die anderen Menschen das Leben erhellen und sich im eigenen Herzen widerspiegeln. So tragen wir Jesu Licht in die Welt.

# 13.12.

Es ist Licht genug vorhanden für die, die glauben wollen.

*Blaise Pascal*

# Lucia –
## Licht in der Dunkelheit

13.12.

Die hl. Lucia (die Lichtvolle, von lat. *lux* = Licht) wurde um 286 in Syrakus auf Sizilien geboren. Sie starb etwa 304 als Märtyrerin, weil sie keusch leben wollte und deshalb als Christin denunziert wurde. Bestattet wurde sie in einer frühchristlichen Katakombe, über die sich seit byzantinischer Zeit die Kirche S. Lucia erhebt. In Italien ist sie eine populäre Volksheilige, deren Lied „Santa Lucia" weithin bekannt ist. Bis zur gregorianischen Kalenderreform 1582 fiel ihr Festtag, der 13. Dezember, auf die Wintersonnwende, ein Lichtertag, da durch die ungenaue Jahresberechnungsmethode der Kalender „nachging", d.h. am 13. Dezember war nach dem Sonnenjahr bereits der 25. Dezember.

In Schweden wird die Luciennacht als Mittwinternacht gefeiert. Dort ist Lucia zur lichtertragenden Gabenbringerin geworden. Das älteste Mädchen einer Familie tritt am Morgen des 13. Dezember in einem langen weißen Kleid auf, den Kopf mit einem Kranz aus Preiselbeeren geschmückt, in den brennende Kerzen gesteckt werden. Diese Lucia weckt alle Familienmitglieder und serviert ihnen das Frühstück ans Bett. Vor allem im Burgenland sät man am 13. Dezember Weizen in einen mit Erde gefüllten Teller (Tellersaat, Lucienweizen). Wenn die Saat bis zum Heiligabend aufgeht, kündigt dies ein gutes Erntejahr an. Wie Barbarazweige schneidet man am 13. Dezember Kirschzweige als Lucienzweige. Der Festtag der Lucia war im Mittelalter zeitweise und in verschiedenen Gebieten Kinderbeschenktag für Mädchen.

## 12.12.

Wir leben nicht, um zu essen,
sondern wir essen, um zu leben.

*Sokrates*

# Bunte Gemüsenudeln

12.12.

## Zutaten
3 Karotten
2 Pastinaken
1 Zucchini
etwas Olivenöl
etwas Gemüsebrühe
4 EL Petersilie, fein gehackt
Kräutersalz

## Zubereitung
Das Gemüse in feine lange Streifen schneiden und in einer Pfanne mit Olivenöl anschwitzen. Etwas Gemüsebrühe zugießen und kurz dünsten. Etwa 4 EL Olivenöl und Petersilie im Mixer homogen aufmixen. Gemüse im Kräuteröl durchschwenken und mit Kräutersalz abschmecken.

## Wissenswertes
Wie Topinambur oder Karotte ist auch die Pastinake ein Wurzelgemüse. Das jahrzehntelang fast vergessene kohlenhydratreiche Grundnahrungsmittel gibt es mittlerweile wieder öfter. Besonders für den winterlichen Speiseplan ist es wunderbar geeignet, da Pastinaken durch Frost milder und süßer werden. Außerdem enthalten sie Kalzium und die Vitamine C, K und B.

# 11.12.

Ein guter Gesang wischt den Staub vom Herzen.

# Gotteslob lässt
## menschliche Macht erblassen

11.12.

„Gaudete" – Freuet euch! – so ist der dritte Sonntag der Adventszeit überschrieben. Freude soll uns in der restlichen Adventszeit begleiten. Die Texte der Lesungen, die wir in Gottesdiensten und Andachten hören, sind Grund zur tiefen Freude. Eine Freude, die nicht nur ein einfaches, kurzweiliges Spaßhaben ist. Es geht nicht um Ablenkung von Alltäglichkeiten oder um Zerstreuung, es geht nicht um ein punktuelles Event. Die Freude, von der in den Texten zu hören ist, wird auch von Menschen empfunden und ausgedrückt, die tief in Lebenssituationen von Not und Verzweiflung stecken.

Am Beispiel Jesu erfahren wir, wie er auf Krisen reagiert. Er organisiert keine Krisenstäbe oder lässt Impulspapiere erarbeiten. Er ruft keinen Expertenrat zusammen, um schwierige Situationen zu analysieren und fundierte Ratschläge zu erteilen.

Jesus lässt in schwierigen Situationen lautes Gotteslob erklingen. Denn er weiß: Nichts wird harten Herzen und tauben Ohren gefährlicher als das Lob Gottes.

Damit lässt er Besserwisser, Neunmalkluge und Oberaufseher blass aussehen. Gotteslob entzieht der Mentalität der aufdringlichen Macht die Basis. Gotteslob wird zur strahlenden Freude, die alle menschliche und weltliche Macht entmachtet. In allen Situationen und Momenten unseres Lebens. Freuet euch!

# 10.12.

Alles im Leben ist eine Brücke
– ein Wort, ein Lächeln,
das wir dem anderen schenken.

*Ivo Andrić*

# Verletzungen heilen

10.12.

Manches im Leben läuft nicht rund oder geht glatt über die Bühne. Wir tun bewusst oder auch unbewusst Dinge, die wir im Nachhinein lieber nicht getan hätten. Der Wunsch, etwas ungeschehen zu machen, quält, weil wir wissen, dass dies nicht möglich ist. Wir stellen fest, dass wir das Vertrauen anderer verspielt und uns selbst den Weg zurück verbaut haben. Mit Gott können wir einen neuen Anfang machen. Er wartet mit offenen Armen immer auf uns. Stets ist er bereit, uns zu vergeben. Wer dieses Angebot annehmen kann und umkehrt, um zu ihm zu finden, hat einen großen Schritt in ein erfülltes Leben vollzogen.

Der Schaden, den wir angerichtet haben, die Verletzungen bei Mitmenschen, bei uns selbst und gegenüber Gott benötigen Aufmerksamkeit und Heilung. Buße ist das Erkennen des Schadens und das Bemühen um Wiedergutmachung. Buße auszudrücken, kann auf unterschiedliche Weise geschehen: im Fasten, Beten und in tätiger Nächstenliebe. Wer sensibel erkennt, wo er Schaden angerichtet hat, egal auf welche Art, wird alles Menschenmögliche tun, um die Angelegenheit wiedergutzumachen, die Versöhnung zu suchen und Auge in Auge mit dem Menschen zu sprechen, den er verletzt hat. Buße und das Gespür für ausgeübtes Unrecht sind Ausdruck unserer inneren Haltung. Die Heilung selbst aber kommt von Gott. In der katholischen Kirche wird die Versöhnung mit Gott im Sakrament der Beichte deutlich. Fasten heißt, sich und seine Schwächen annehmen lernen, Vergebung und Versöhnung mit den Menschen einzuüben und von Gott die Vergebung als Hoffnungszeichen anzunehmen.

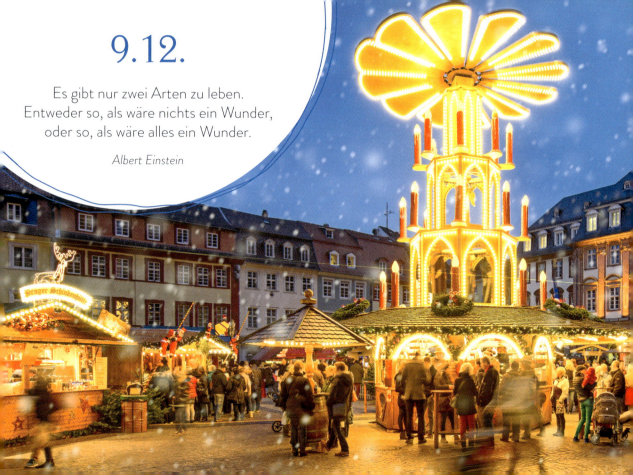

# 9.12.

Es gibt nur zwei Arten zu leben.
Entweder so, als wäre nichts ein Wunder,
oder so, als wäre alles ein Wunder.

*Albert Einstein*

# „Wer bist du?"

Täglich begegnen uns unzählige Menschen. Fremde, Freunde, Verwandte. Menschen, die mit uns zeitgleich unterwegs sind; beim Einkauf, bei der Arbeit, beim Sport, in öffentlichen Verkehrsmitteln, an einer Ampel oder im Kino, Theater, Museum usw. Manche Begegnungen konfrontieren uns mit der Frage: „Wer bist du?" Jeder Mensch stellt sich im Laufe des Lebens selbst diese Frage: „Wer bin ich? Wer ist mein Mitmensch?" Die Antwort ist wichtig, damit wir aus ihr Lebenskraft, Zuversicht, Hoffnung schöpfen. „Wer bist du? Wer bin ich?"

Im Umgang mit anderen erhält Leben einen Wert. Durch das „Du" kann ich mich verstehen. Wohltuende Begegnungen bauen auf, ebenso können Begegnungen allerdings auch zerstören, im Streit, in der Auseinandersetzung, im vernichtenden Umgang miteinander. Durch die Begegnung mit Jesus erkennen wir, wissen wir, wer wir sind: geliebte Kinder Gottes. Er selbst gibt uns die Würde, die uns bei der Suche nach der Antwort auf das Geheimnis: „Wer bist du? Wer bin ich?" lebensstiftend auf die Spur hilft.

9.12.

# 8.12.

Eure Heilmittel sollen
eure Nahrungsmittel sein.

*Hippokrates*

# Buchweizen mit Ragout
## von Roten Rüben

8.12.

### Zutaten
1 TL Butter
1 kleine Zwiebel, fein gehackt
2 mittelgroße Rote Rüben (Rote Bete)
   (ca. 400 g), gewürfelt
200 ml Gemüsebrühe
Salz und Pfeffer
Liebstöckel
Anis, im Mörser zerstoßen
Kümmel, im Mörser zerstoßen
1 Spritzer Obstessig
etwas Schlagobers (Sahne)
1 TL frisch geriebener Kren (Meer-
   rettich), ersatzweise Kren aus dem Glas

1 Tasse Buchweizen (ca. 120 g)
2 Tassen Gemüsebrühe (400 ml)
Petersilie, fein gehackt

### Zubereitung
Zwiebel in Butter andünsten, Rote Rüben zugeben und kurz mitbraten. Mit Gemüsebrühe aufgießen, würzen und auf kleiner Flamme köcheln, bis die Rüben gar sind. Mit Essig abschmecken. Obers und Kren unterrühren.

Den Buchweizen in der gesalzenen Gemüsebrühe garkochen (wie Reis). Eine Tasse kalt ausschwemmen, mit dem gargekochten Buchweizen füllen, leicht andrücken und auf einen Teller stürzen. Daneben das Rübenragout anrichten. Mit Petersilie garnieren.

### Wissenswertes
In der Fastenzeit können Sie mit Buchweizen eine gesunde und vielseitige Alternative zu herkömmlichen Beilagen entdecken. Die dreikantigen Nüsse erinnern an kleine Bucheckern, haben mit der Buche aber genauso wenig zu tun wie mit dem Weizen.

## 7.12.

Christus will keine Bewunderer, sondern Nachfolger.

*Søren Kierkegaard*

# Die Liebesspuren Gottes finden

7.12.

Das große Thema „Teilen", z. B. mit dem hl. Martin und Nikolaus, prägt die dunkle Jahreszeit. Jesus braucht wenige Worte, um zu erklären, worum es ihm geht. Keine ewig lange Predigt, die man kaum versteht, keine hochtrabende Rede über irgendetwas, das weit weg von der Realität und Lebenswirklichkeit liegt. Jesus lädt ein: „Kommt und seht!" – Lernt von mir! Was meint er damit? Der Sohn Gottes lädt uns ein zu sehen, was ihm wichtig ist, zu sehen, wie er lebt, zu sehen, was Nächstenliebe, Teilen, Zuwendung ist und Gemeinschaft. Wir sollen hingucken, Liebe ins eigene Herz aufsaugen und sie selbst leben. Die großen von uns verehrten Heiligen wussten nicht, was sie auf dem gemeinsamen Weg mit Jesus erwartete. Sie wussten nicht, wie sich ihr Leben verändern würde. Sie folgten ihm nach und wurden so zu Vorbildern für uns.

Wer sich entscheidet, den Weg der Nachfolge Jesu zu gehen, braucht Mut und Vertrauen.

Es gibt mal leichte Wege und mal Wege über Steine und Felsen. Und mitten auf dem Weg kommt die bohrende Frage auf: „Wozu das alles?"

„Kommt und seht!" – Jesus zeigt seinen Jüngern und uns, wo er ist und bleibt in unserem Leben. Er ist immer dort, wo die Liebe wohnt. Er ist die geistige Nahrung, die stärkt, erfrischt und ermutigt. So können die Steine auf unserem Weg uns einladen, die Liebesspuren Gottes in unserem Leben zu suchen.

# 6.12.

Gutes tun geht jeden Tag.
In jedem von uns
steckt ein Nikolaus.

# Nikolaus von Myra –
## Gutes tun, helfen, schenken

6.12.

Den Legenden nach soll Nikolaus um 270 in Patras als Kind wohlhabender christlicher Eltern geboren worden sein. Früh wurde er Vollwaise. Damals erfuhr er, dass sich ein ehemals wohlhabender Mitbürger wirtschaftlich ruiniert hatte und nun seine drei Töchter zum „Geldverdienen" auf die Straße schicken wollte. An drei folgenden Nächten warf Nikolaus jeweils einen Goldklumpen in das Haus des Mannes, um den Mädchen eine Aussteuer zu verschaffen und sie vor der Schande zu bewahren.

Nikolaus wurde Priester und später Bischof von Myra, wo er zahlreiche Wunder wirkte. Sein Ruf war so gewaltig, dass man ihn als „Überheiligen" bezeichnete. Um 342 soll er gestorben sein. Der hl. Nikolaus ist in der Ostkirche der erste Bekenner, der zum Heiligen wurde. Als sein Gedenktag gilt seit dem 8. Jh. der 6. Dezember. Nach der Reliquientranslation von Myra nach Bari an einem 9. Mai, wurde dieser Tag zu einem zweiten Nikolausgedenktag (= Sommernikolaus).

Der 6. Dezember löste den alten Kinderbeschenktag, das Fest der Unschuldigen Kinder am 28. Dezember, ab. Als Martin Luther die Nikolaustradition bekämpfte, weil er die Heiligen nicht als Fürbitter und Vermittler akzeptierte, reagierte das Brauchtum, indem nun Nikolaus persönlich auftrat und von den Kindern Rechenschaft forderte, belohnte und bestrafte. Luther hat das Kinderbeschenken auf Weihnachten verlegt, was die Katholiken erst in der Zeit um 1900 übernommen haben – allerdings ohne das Nikolausbrauchtum aufzugeben.

# 5.12.

Welch ein Glück, wenn man mit seinem Leben etwas anzufangen weiß!

*Joachim Gauck*

# Was sucht ihr?

5.12.

Jesus nimmt die Jüngerinnen und Jünger bewusst wahr und fragt: „Was sucht ihr?" So ist der Grundstein der Kirche Christi eine Frage: „Was sucht ihr?" Jesus geht es darum, die Sehnsüchte der Menschen zu erkennen, es geht um ihre Hoffnung und vielleicht sogar um eine tief verborgene Ahnung von Liebe, die erspürt werden möchte. Jesus stellt sich nicht vor seine Freunde und erklärt, wer er ist. Jesus stellt eine Frage und schreibt nicht vor, was der Einzelne tun muss, um eine Antwort für das eigene Leben zu finden.

Im Alltag gibt es immer wieder Situationen, in denen wir das machen müssen, was andere vorgeben. Am Arbeitsplatz, zu Hause, im Straßenverkehr. Es gibt Regeln und Gesetze. Jesus aber sagt seinen Nachfolgern nicht: „Lernt zuerst die Gesetze auswendig, die ihr alle einhalten müsst, um zu mir zu gehören." Nein! Jesus fragt: „Was sucht ihr?" – und jeder einzelne von uns darf selbst antworten. So unterschiedlich unsere Antworten sind, so unterschiedlich sind auch unsere Beziehungen zu Gott und Jesus. Der Glaube ist für jede und jeden anders lebbar und hängt stark vom persönlichen Umfeld ab.

Am Ende jedoch ist die Sehnsucht aller Menschen gleich. Es ist die Hoffnung auf einen erfüllten Frieden, auf Geborgenheit, auf Gott. Eine wesentliche Voraussetzung für eine gelungene Fastenzeit ist das Bewusstsein, dass sich mit dieser einen Frage die Welt verändern kann: „Was suche ich?"

## 4.12.

Du Freundin Gottes, Barbara,
sei uns in dunklen Zeiten nah.

*Peter Gerloff*

# Barbara –
## mutige Bekennerin

4.12.

Der Gedenktag der hl. Barbara wird am 4. Dezember begangen. Die Legende nennt als Zeitpunkt ihres Martyriums und Todes die Regierungszeit des Kaisers Maximian (306) und Nikomedien als Lebensort. Die Entstehung der Legende scheint im 7. Jahrhundert im byzantinischen Raum zu liegen. Der heidnische Vater ließ Barbara in einen Turm sperren, wo sie als Symbol der Trinität ein drittes Fenster brechen ließ. Als Christin verfolgt, wird sie von ihrem eigenen Vater enthauptet, den darauf ein Blitz erschlägt. Vor ihrem Tod hatte Barbara die Verheißung erhalten, dass niemand, der sie anrufen wird, ohne Sakramentenempfang stirbt. Deshalb war einmal das tägliche Gebet zur hl. Barbara Aufgabe eines jeden Christen, vor allem aber der Bergleute, die ständig „im Totenhemd arbeiten".

Die zunächst nur in der Ostkirche verehrte Barbara wird um 700 im Westen genannt. Seit dem 14. Jahrhundert wurden die Bergbaugebiete besondere Kultlandschaften der hl. Barbara. Sie gilt besonders als Patronin der Sterbenden, zugleich aber auch der Artilleristen, Baumeister, Turmwächter, Feuerwehrleute, Glockengießer und Glöckner. Barbara gehört zu den „drei heiligen Madeln" (Bauernpatroninnen) unter den 14 Nothelfern.

Bis heute werden am Barbaratag von Obstbäumen Zweige geschnitten und ins Wasser gestellt. Sie sollen zu Weihnachten blühen und den Glanz verdeutlichen, den die Geburt des Erlösers in die Nacht der Sünde gebracht hat.

## 3.12.

Gott sorgt sich um uns.
Er freut sich, wenn er
uns findet.

*Brigitte Goßmann*

# Wach auf, meine Seele, damit ich zum Leben erwache

In der Vorweihnachtszeit gibt es viel zu tun. Vielleicht machen wir uns Sorgen, ob wir alles pünktlich zum Weihnachtsfest erledigen können. Wir sorgen uns auch um die Gesundheit, nicht nur um unsere, sondern auch um die aller Menschen um uns. Sorgen gibt es ungezählte auf der Welt. Manche Sorgen lassen uns nicht schlafen und wir fühlen uns am nächsten Morgen wie gerädert. Der adventliche Aufruf „Wachet auf!" will uns nicht aus dem körperlichen Schlaf reißen, vielmehr aus der Verschlafenheit unseres Bewusstseins, als Kinder Gottes bereits erlöst zu sein. Gott sorgt sich um uns. Er freut sich, wenn er uns findet. Gott zeigt großen Einsatz, damit wir nicht verloren sind.

Das lateinische Wort für Zukunft „futurum" meint die Zukunft, die wir selbst planen und gestalten. Der lateinische Begriff „adventus" (Advent) bezeichnet die Zukunft, die auf uns zukommt. Zwei Bedeutungen für ein Wort: Zukunft! Gott kommt auf mich zu als Kind in der Krippe, als Erlöser, als Retter, als Hirte, als Gekreuzigter und Auferstandener. Mit ihm bekommt der aufgeweckte Mensch Zukunft. Ein verheißungsvoller Weg liegt vor uns, wenn unser Blick nach vorn gerichtet ist.

## 2.12.

Das Fasten ist die Speise der Seele.

*Johannes Chrysostomos*

# Blitz-Minestrone

2.12.

## Zutaten

1 EL Olivenöl
1 kleine Zwiebel, fein gewürfelt
2 Knoblauchzehen, gepresst
2 gewürfelte Tomaten, ersatzweise
   2 EL Tomatenmark
1 Karotte in Scheiben
1 mittelgroße Kartoffel, gewürfelt
150 g Weißkraut, in Fleckerl (Rauten/
   Rechtecke) oder Streifen geschnitten
¾ Liter Gemüsebrühe
Zum Würzen: Lorbeer, Pimentkörner,
   Salz und Pfeffer, mediterrane Kräuter
   (Oregano, Basilikum, Thymian)
2 Mokkatassen gekochten Reis, auch
   vom Vortag
Zum Garnieren: frisches Basilikum

## Zubereitung

Öl erhitzen, Zwiebel und Knoblauch etwas andünsten, Tomatenwürfel oder -mark zugeben und kurz mitdünsten. Das restliche Gemüse beifügen, etwas anrösten. Mit der Brühe aufgießen. Gewürze dazugeben und köcheln lassen, bis das Gemüse weich ist. Den gekochten Reis einrühren und mit Salz und Pfeffer abschmecken. Mit Basilikum garnieren.

**Tipp:** Auch wenn nicht viel Zeit ist, kann eine wärmende Suppe Körper und Seele neue Energie schenken. Die Blitz-Minestrone ist auch für Überraschungsgäste schnell zubereitet. Gastfreundschaft, gute Gespräche und christliche Gemeinschaft lassen sich wunderbar beim Kochen und Essen verbinden.

# 1.12.

Träume nicht dein Leben,
lebe deinen Traum.

*Tommaso Campanella*

# Möglichkeitsmenschen
## sind wache Menschen

1.12.

Es tut gut, sich eine andere friedliche Wirklichkeit auszumalen.

Das Mögliche durchzuspielen, sich inspirieren zu lassen. Die Welt braucht Menschen, die einen Möglichkeitssinn haben, die mehr sehen, weiter und tiefer blicken. Menschen, die sehen, was möglich sein könnte; die erinnern an den guten Anfang, als Gott sagte: „Siehe, alles ist gut." Dieser Blick ist auch ein Blick auf das Morgen.

Möglichkeitsmenschen sind Menschen, die nicht nur das Hier und Jetzt sehen, sondern auch die Zeit, die am Ende aller Zeiten kommen wird, die wach das Morgen erwarten. Dann werden wir unendlich sein. Möglichkeitsmenschen glauben, dass bei Gott Unvorstellbares möglich ist. Diesen Blick hatten die Propheten, die uns die Bibel vorstellt und von denen wir in der Liturgie der Adventszeit viel hören. Solche Menschen haben gesehen, was kommen wird, sie hatten Träume und Visionen. Sie haben so Großartiges beschrieben, dass es die Menschen seit Jahrtausenden zu Suchenden und Sehnenden macht. Jeder von uns trägt Bilder in sich, Vorstellungen, Wünsche. In der Adventszeit haben wir Gelegenheit, diese Bilder auszumalen. Im Herzen, in Gedanken oder real auf Papier. Dies ist eine schöne Übung, denn ein selbst gezeichnetes Adventsbild führt mir meine momentane Lebensfarbe vor Augen.

## 30.11.

Halt – stopp!
Ein Neuanfang ist
immer möglich.

# Andreas –
## Neuanfang wagen

30.11.

Der ältere Bruder des Simon Petrus stammte aus Betsaida und lebte als Fischer in Kafarnaum am See Gennesaret. Er gehörte zu den ersten vier von Jesus berufenen Jüngern. Nach alten Überlieferungen missionierte Andreas nach Jesu Tod und Auferstehung in den unteren Donau-Ländern. Er soll dort am 30. November 60 am schrägen Kreuz (= Andreaskreuz) den Märtyrertod erlitten haben. Die Reliquien befinden sich seit 357 in der Apostelkirche in Konstantinopel. Das Andreasfest am 30. November ist schon bei Gregor von Nazianz (4. Jh.) bezeugt. 1462 steigert sich die Andreas-Verehrung in der Westkirche durch die Übertragung des Andreas-Hauptes nach Rom; die Rückgabe der Reliquie erfolgte 1964 durch Papst Paul VI. In der Kunst wird Andreas meist mit langem Bart dargestellt; neben den generellen Attributen von Schriftrolle und Buch sind ihm Fisch, Fischernetz, Strick und das Diagonalkreuz erst seit dem späten Mittelalter beigestellt.

Andreas ist Patron der Fischer, Fischhändler, Seiler, Metzger, Wasserträger, alten Jungfrauen, Bergarbeiter. Er wird angerufen um Heirat, Kindersegen, gilt als Helfer bei Halsweh, Gicht, Krämpfen und Rotlauf. Bis in das 9. Jahrhundert endete das Kirchenjahr am 30. November. Der Andreastag war deshalb und ist bis heute Ort für Jahresend- und Jahresanfangsbräuche, ein Tag zum Innehalten und der Umkehr. Als Symbol erinnert daran das Andreaskreuz. Man findet es heute an Bahnübergängen, wo es warnt und zum Halten mahnt.

## 29.11.

Besonders nachts ist es schön,
an Licht zu glauben.

*Platon*

# Lichtbringer – Lukas

**29.11.**

Der Evangelist Lukas, dem wir während der Fastenzeit in den Lesungen häufig begegnen, trägt einen besonderen Namen. Sein Name kommt aus dem Altgriechischen und bedeutet so viel wie „Licht", „leuchtend" oder „hell". Lukas wurde zum Lichtverteiler Jesu, denn das wahre Licht der Welt ist Jesus Christus, wie es bei Johannes heißt.

Der hl. Lukas wird als Patron der Ärzte und der Künstler verehrt. Dargestellt wird er mit dem Stier als Symbol des dritten Evangeliums, das er verfasst hat, und mit einem Buch, wie alle Evangelisten. Lukas stammte aus einer angesehenen Familie in Antiochien und war, wie der hl. Paulus uns informiert, von Beruf Arzt. Leider haben wir nur sehr spärliche Nachrichten über das Leben dieses Mannes. Wir wissen, dass Lukas Heide war. Um das Jahr 43 soll er zum Christentum gefunden haben. Er scheint wie Paulus auch den Heiden Lehrer und Führer gewesen zu sein. Lukas war nach seiner Bekehrung ständiger Begleiter des großen Apostels Paulus. Die Geschichte des Lukas lehrt uns heute, was die Entscheidung für Gott aus uns machen kann. Lukas hat sein Leben aus dem Glauben heraus ganz neu gestaltet. Natürlich können wir dies im 21. Jahrhundert, in unserer westlichen Lebenssituation nicht genauso umsetzen wie der heilige Evangelist. Doch wir können lernen, unser Leben aus dem Glauben heraus zu betrachten. Wie handle ich, wenn ich versuche, so zu leben, dass das Evangelium Jesu Christi sichtbar und spürbar wird, wenn ich meine ganze Hoffnung auf Gott setze?

## 28.11.

"Wachet auf", ruft uns die Stimme.

*Philipp Nicolai*

# Wach auf,
## erkenne die funkelnden Sterne der Zuversicht

28.11.

„Wachet auf", so beginnt eines der bekanntesten Adventslieder, „‚Wachet auf', ruft uns die Stimme". Vor über 400 Jahren von Philipp Nicolai kraftvoll und ausdrucksstark geschrieben, hat es bis heute keinen Hauch dieser Kraft verloren. Damals fand der Glaubenskrieg zwischen Katholiken und Protestanten statt, und eine der schlimmsten Pandemien, die die Menschheit bis dahin erlebt hatte, tobte und löschte ungezählte Menschenleben aus: die Pest. In dieser unruhigen und unsicheren Zeit schrieb Nicolai ein so wunderbar aufrüttelndes Adventslied. Wachet auf, verkriecht euch nicht, bleibt stehen und seht, was Leben heißt! Entdeckt die vielen, kleinen, tröstenden Strahlen der Hoffnung. Erkennt die funkelnden Sterne der Zuversicht, die dort leuchten, wo wir sie nicht unbedingt erwarten.

Das Lied will mich ansprechen, es meint mich. „Wach auf!", Christus möchte, dass wir unser Leben nicht verschlafen, sondern lebendig sind. Aufgeweckt, wach, aufmerksam; trotz aller Schwierigkeiten, die jeder einzelne von uns durchlebt. Trotz aller Ängste, Sorgen und Trauer dürfen wir hoffen, dass in der Dunkelheit ein Licht für uns leuchtet. Advent heißt, wir gehen dem Licht des neugeborenen Lebens entgegen.

## 27.11.

Advent feiern
heißt warten können.

*Dietrich Bonhoeffer*

# Alles hat seine Zeit – Adventssonntage

27.11.

So wie jemand, der über eine Hürde springen will, dazu einen Anlauf braucht, brauchen Feste, die man feiern will, eine Vorbereitungszeit. Seit dem Konzil von Trient (1545–63) beträgt diese Vorbereitungszeit auf Weihnachten vier Wochen.

Im Jahr 2000 hat die evangelische Kirche mit der Aktion „Alles hat seine Zeit. Advent ist im Dezember" darauf hinweisen wollen, dass immer mehr Weihnachtliches schon in den Advent, der dann gerne „Vorweihnachtszeit" genannt wird, hineingezwängt wird. Die gut gemeinte Aktion hat in ihrem Motto jedoch einen kleinen Fehler: Der 1. Advent kann bereits auf den 27. November fallen.

Die Adventssonntage werden durchnummeriert: 1., 2., 3. und 4. Advent. Generell heißen sie auch lateinisch *Dominica adventus domini, Dominica in adventu (domini)*. Nach dem Anfangstext des Introitus *Gaudete in Domino semper* wird der 3. Adventssonntag auch „*Gaudete*" genannt. Dieser Tag ist schon ganz auf die kommende Freude der Geburt Christi ausgerichtet. Statt der liturgischen „Fastenfarbe" violett, darf der Priester – wie am Sonntag *Laetare* in der österlichen Fastenzeit – ein rosarotes Messgewand tragen. Der 4. Adventssonntag galt als einer der vier Goldenen Sonntage, er wurde Goldener Adventssonntag genannt. Entsprechend nach Metall eingestuft waren die übrigen: der 3. Advent war der silberne, der 2. Advent der kupferne, der 1. Advent der eiserne Adventssonntag.

## 26.11.

Freut euch in der Hoffnung, seid geduldig in der Bedrängnis, beharrlich im Gebet!

*Römer 12,12*

# Für mich und andere bitten –
# Fürbitten schenken Hoffnung

26.11.

Betend Hoffnung schenken ist eine wirkungsvolle Aktivität. Menschen zehren unter Umständen sehr lange davon, können vielleicht neue Lösungswege finden und lernen, ihre Sorgen und Nöte in Gottes Hand zu legen. Meist erfahren wir nicht, wie unser Gebet oder unsere Zuwendung nachwirken.

Sich durch die Zeitung zu beten, ist sicherlich eine etwas zeitaufwendige Angelegenheit. Doch höchst berührend dabei ist es zu lesen, mit welchen Nöten sich Menschen auf der Welt quälen. Meist sind es die extrem tragischen Berichte, die uns allmorgendlich zum Frühstück serviert oder im Livestream vor Augen geführt werden: Kriege, ein Tsunami, schwere Unfälle, Missbrauch, körperliche Gewalt.

Es gibt auch einzelne Personen, die das Gebet brauchen. Die neue Führungskraft in Politik, Industrie oder Wirtschaft, die neue Schulleitung, das frischgetraute Brautpaar, die jungen Eltern und ihr Baby oder der 90-jährige Jubilar. Gründe, für andere zu beten, gibt es unzählige.

Wer betet, wird sensibel für das Weltgeschehen, für politische Themen, brisante Lagen in anderen Ländern, schwere Schicksale usw. Oftmals wird uns dadurch erst bewusst, wie gut es uns in unserem Umfeld geht, ungeachtet aller persönlicher Nöte, die tragisch genug sein können und immer einen Grund für ein Gebet darstellen. Nutzen Sie die Fastenzeit, um Gott zu danken und Fürbitte zu halten für sich und andere, dies schenkt der Welt und Ihnen Hoffnung auf eine bessere Zeit.

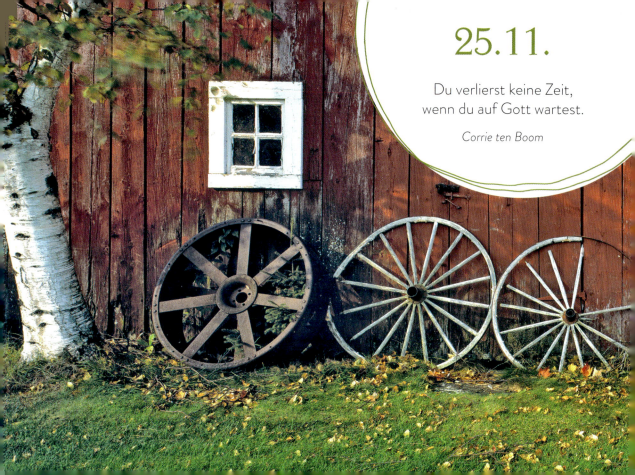

# 25.11.

Du verlierst keine Zeit,
wenn du auf Gott wartest.

*Corrie ten Boom*

# Helferin in der Not – Katharina

## 25.11.

Der Gedächtnistag der hl. Katharina von Alexandria wird am 25. November gefeiert. Als ikonografisches Erkennungszeichen ist ihr ein zerbrochenes Rad beigestellt, mit dem man sie hatte foltern wollen. Katharina gehört zu den „drei heiligen Madln" oder „drei heiligen Jungfrauen" (mit Margareta und Barbara) und zu den 14 Nothelfern. Man merkte sich dies mit dem Spruch: „Sankt Barbara mit dem Turm, Sankt Margret mit dem Wurm (= Drachen), Sankt Kathrein mit dem Radl, das sind die heiligen Madl." Über ihr Leben ist fast nur Legendarisches bekannt. Sie soll zu Beginn des 4. Jahrhunderts den Märtyrertod gestorben sein, weil sie nicht bereit war, dem Christentum abzuschwören. Die Katharinenverehrung hat besonders bei den Bauern ihren Niederschlag gefunden. Am 25. November endete die Weidezeit und die Schafschur begann. Auf Kathrein erhielten Mägde und Knechte Lohn und konnten ihre Stelle wechseln. Am letzten Samstag vor dem 25. November fand in den deutschsprachigen Alpenländern der Kathreintanz statt, der letzte Tanzabend im Jahr – ein Zugeständnis, das erst nach Auflösung der mittelalterlichen Regelung erfolgte, als die Fastenquadragese durch die vierwöchige Adventszeit abgelöst wurde. Der Merkspruch „Kathrein stellt den Tanz ein" hatte zur Folge, dass „Bass und Geigen eingesperrt" blieben bis zur „Erscheinung des Herrn", also deutlich länger als nur während des Adventsfastens. Die „geschlossene Zeit" des Advents sollte nicht durch weltliche Lustbarkeiten entweiht werden.

# 24.11.

Die besten aller Heilmittel sind die Ruhe und das Fasten.

*Benjamin Franklin*

# Kräftige Fenchel-Karotten-Suppe

24.11.

## Zutaten
2 große Karotten
1 Kartoffel
1 Fenchelknolle
1 EL Olivenöl
600 ml Gemüsebrühe
Kräutersalz
etwas Kurkuma
etwas Apfelessig

## Zubereitung
Die Karotten in Scheiben und die Kartoffel in kleine Würfel schneiden. Den Fenchel in Streifen schneiden, das Fenchelkraut hacken. Karottenscheiben, Kartoffelwürfel und Fenchelstreifen im Olivenöl anschwitzen und mit der Brühe weich dünsten. Mit Kräutersalz, Kurkuma, Apfelessig und Fenchelkraut abschmecken.

## Wissenswertes
Seit dem Mittelalter wurde Fenchel in Klostergärten kultiviert. Das aus dem Mittelmeerraum stammende Gemüse enthält zahlreiche Mineralstoffe und Vitamine, außerdem Folsäure und ätherisches Öl. Bei Magen-Darm-Beschwerden hilft Fencheltee besonders gut.

## 23.11.

Der Raum ist dem Ort,
was die Ewigkeit der Zeit ist.

*Joseph Joubert*

# Zeit verschenken –
# Hoffnung schenken

23.11.

Egal welcher Konfession Sie sich zugehörig fühlen, es ist bei fast allen Kirchengemeinden zu spüren: Weniger Ehrenamt, eine große Zahl von Kirchenaustritten, weniger Gestaltungsmöglichkeiten für eine funktionierende Gemeinde belasten die christlichen Gemeinschaften. Zeit haben, Zeit aufbringen, Zeit einsetzen, Zeit schenken ist eine wunderbare Möglichkeit, das Leben und natürlich auch das Gemeindeleben kreativ, abwechslungsreich und sinnvoll zu gestalten. Verzichten Sie auf etwas freie Zeit und verschenken Sie einige Minuten oder Stunden davon an andere. Gemeinsam oder auch allein. Bieten Sie Ihre Dienste an oder laden Sie zu Begegnungen ein. Vielleicht mit einer Gutscheinaktion für Hilfe bei der Fahrradreparatur, für einen literarischen Abend oder einen Spielenachmittag.

Gehen Sie in die Initiative. Jesus und seine Jünger haben nicht an einem festen Ort, einer Kirche, zu den Menschen geredet, sondern sind durch das Land gezogen. Sie haben sich auf die Menschen zubewegt und nicht gewartet, bis mal jemand vorbeikam.

Es geht um das Sensibelwerden für Beziehungen, für den anderen Menschen, für den Nachbarn oder das Gemeindemitglied. Jede Form des Miteinanders bereichert beide Seiten. Zeit verschenken gehört, wenn es richtig angewendet wird, zu den schönsten Geschenken, die man machen und bekommen kann. Für einsame Menschen kann in solch einer Begegnung Hoffnung keimen, dass sie nicht vergessen sind.

# 22.11.

Wo es Frieden und Meditation gibt, da herrscht weder Sorge noch Zweifel.

*Franz von Assisi*

# Meinen Geist befreien heißt,
# Raum schaffen für Gottes Geist

„Meditieren" heißt übersetzt aus dem Lateinischen „Nachsinnen" oder „Nachdenken" und schließt eine Reihe unterschiedlicher Methoden mit ein. Viele davon sind sehr alt und religiös begründet. Meditationen haben zum Ziel, frei zu werden von dem ständigen Kreisen um sich selbst. Es ist eine Haltung der Achtsamkeit und Liebe. In christlichen Klöstern gibt es ganzjährig Meditationsangebote. Auch im Alltag lassen sich Möglichkeiten einrichten, meditative Minuten einzubauen. Es geht darum, den Geist freizumachen für die Verbindung zu Gott. Still werden ist eine in uns Menschen liegende Fähigkeit. Wer täglich für kurze Zeit seine Gedankenwelt loslässt, kann das Leben, die Menschen und persönliche Probleme mit anderen Augen betrachten lernen. Beim Meditieren konzentrieren Sie sich zum Beispiel auf ein Bild, ein (Bibel-)Wort, auf den Atem oder eine Empfindung. Sie binden gleichsam Ihre Wahrnehmung an diese eine Sache. Wenn andere Gedanken auftauchen, lassen Sie sie wie Boote auf dem Fluss vorbeiziehen und kehren innerlich zu Ihrem Anker zurück. Damit gewinnen Sie Distanz zu Ihren Gedanken und schaffen Raum, für ein neues spirituelles Erleben.

## 21.11.

Fasten ist eine wahrhaft geheime Quelle der Kraft.

*Jentezen Franklin*

# Herzhafter Sauerkrauttopf

21.11.

### Zutaten
250 g Kartoffeln
1 kleine Zwiebel
2 EL Rapsöl
500 ml Gemüsebrühe
1 roter Paprika
1 Karotte
200 g Tomatenstücke
1 TL edelsüßes Paprikapulver
Natursalz
Pfeffer
5 Wacholderbeeren
1 Knoblauchzehe, gepresst
100 g Sauerkraut

### Zubereitung
Kartoffeln und Zwiebel schälen, würfeln und in einem Topf mit Rapsöl kurz anbraten. Mit Gemüsebrühe ablöschen. Paprika und Karotte würfeln und mit den Tomatenstücken in den Topf geben. Paprikapulver, etwas Natursalz und Pfeffer, Wacholderbeeren sowie Knoblauch dazugeben und garen. Sauerkraut hinzufügen und weitere 20 Minuten bei geringer Hitze köcheln lassen. Abschmecken und servieren.

### Wissenswertes
„Das Leben ist wie Sauerkraut: Wohl dem, der es gut verdaut!", sagt ein Sprichwort. Beim Verdauen dieses herzhaften Topfes helfen die gesunden Wacholderbeeren mit ihren ätherischen Ölen. Sie sorgen auch für einen gesteigerten Appetit.

## 20.11.

Die Ewigkeit gleicht einem Rad,
das weder Anfang noch Ende hat.

*Hildegard von Bingen*

# Jesus hat den Weg
in den Himmel freigeliebt

20.11.

Am letzten Sonntag des Kirchenjahres feiern wir, je nach Konfession, den Ewigkeits-, Toten- oder Christkönigssonntag. Alle Bezeichnungen verbindet die menschliche Hoffnung auf ein Leben nach dem irdischen Sein, ein Leben mit Gott und Jesus Christus, der uns den Weg in den Himmel freigeliebt hat. In der dunklen Jahreszeit, in der die Natur dem Schlaf verfallen scheint und moderndes Laub die Straßen säumt, hoffen wir auf die Zeit, in der das Leben wieder neu erblüht. Wir wissen, diese Zeit wird kommen, bald schon, in wenigen Monaten wird die Welt aufblühen. Wir wissen nicht, ob wir diese Zeit auch erleben dürfen. Keiner von uns weiß, wann er aus diesem Leben abgerufen wird. Und dennoch spüren wir, dass uns Hoffnung begleitet. Irgendwo tief in unserem Innersten verborgen. Heute dürfen wir uns in besonderer Weise der Hoffnung bewusst sein, dass das Leben im Hier und Jetzt der Weg in ein neues Leben ist. Der Titel Christkönig hat im Evangelium nach Lukas nichts mit Königswürde zu tun; er unterstreicht die Schmach und die Erniedrigung, die Jesus annahm. Er wollte kein König dieser Welt sein. Sein Reich ist nicht von dieser Welt, in der menschliche Ambitionen mit Macht und Machtmissbrauch verbündet sind. Es geht um die Welt, die ein Leben in Gottes Fülle verheißt. Christ-König legt den Schwerpunkt auf das Christsein und nicht auf eine irdische Königsmacht. Eine Haltung, die auch uns die Frage stellt: Wie gehe ich mit Titeln, Macht und den eigenen Ansprüchen an meine Position um?

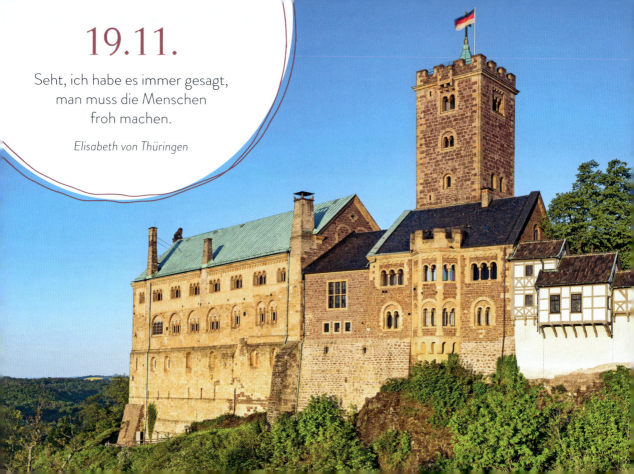

# 19.11.

Seht, ich habe es immer gesagt, man muss die Menschen froh machen.

*Elisabeth von Thüringen*

# Eine mittelalterliche Radikale – die heilige Elisabeth

19.11.

Kaum eine andere Heilige repräsentiert die Askese wie Elisabeth, die sich dem von Franziskus von Assisi popularisierten radikalen Armutsideal anschloss.

1207 als Tochter des ungarischen Königs geboren, wurde sie im Alter von einem Jahr mit dem späteren Landgrafen von Thüringen verlobt und deshalb 1211 nach Thüringen gebracht. 1221 heiratete Elisabeth Ludwig IV. und schenkte ihm während der kurzen Ehe drei Kinder. Als Ludwig beim Kreuzzug Kaiser Friedrichs II. am 11. Juli 1227 in Italien ums Leben kam, wurde Elisabeth von ihrem Schwager mittellos von der Burg vertrieben oder ging freiwillig – das ist umstritten – und geriet in große Not. Mit einer Abfindung, die sie schließlich auf Betreiben Papst Gregors IX. erhielt, gründete sie in Marburg ein Spital. Sie legte ein Gelübde ab, mit dem sie Armut und Gehorsam gelobte.

Radikale Christusnachfolge bedeutete für Elisabeth nicht nur ein Leben in Askese und Spenden an Arme. Sie teilte selbst Lebensmittel und Kleidung aus und pflegte Kranke, wobei sie sich auf die schlimmsten Fälle und die Kinder konzentrierte. Sie starb im Alter von 24 Jahren am 17. November 1231 und wurde in der Kapelle des von ihr gegründeten Franziskushospitals begraben. Als Königstochter und Fürstin hat sie radikale Christusnachfolge vorgelebt: Askese, Buße und Gehorsam verband sie mit tätiger Nächstenliebe.

## 18.11.

Schaue immer Richtung Sonne
und alle Schatten werden
hinter dich fallen.

*Walt Whitman*

# Wir sind, was wir denken – von Gott geliebt

**18.11.**

Jeder Mensch kann in die Situation geraten, durch negative Erlebnisse negative Gedanken zu entwickeln. Solche Gedanken können uns Energie rauben. Die Auswirkungen können fatal sein, nicht nur für die Psyche, sondern auch für den Körper.

Die folgenden vier Schritte, um negative Gedanken loszuwerden, sind einfache Übungen, die während dieser Fastenzeit jederzeit angewendet werden können.

**Schritt 1:** Wenn Sie sich bewusst sind, dass gerade ein negatives Gedankenmuster in Ihnen arbeitet, dann reicht dies schon für Veränderung. Also: Bewusstmachen ist der erste Schritt.

**Schritt 2:** Schauen Sie sich Ihre negativen Gedanken an. Akzeptieren und betrachten Sie sie; dann kann man mit ihnen arbeiten.

**Schritt 3:** Überlegen Sie sich eine positive Reaktion. Wählen Sie für jeden negativen Gedanken einen aufbauenden Gegengedanken. Sie haben beispielsweise öfter mal den negativen Gedanken: „Ich bin schuldig geworden, ich mache Fehler, ich bin nicht gut genug." Dann erinnern Sie sich an die Zusage Gottes, sein geliebtes Kind zu sein. Gott schenkt seine verzeihende Liebe auch Ihnen.

**Schritt 4:** Nehmen Sie Ihre Schwächen an, erkennen Sie Ihre Fehler, werden Sie sich Ihrer Sündhaftigkeit bewusst. In diesem Bewusstsein kann sich Ihr Verhalten verändern. In erster Linie jedoch nehmen Sie sich so an, wie Sie sind. Gott schenkt Ihnen seine barmherzige Liebe, die Sie auch sich selbst gegenüber entwickeln dürfen.

## 17.11.

Alles kommt zur rechten Zeit,
wenn die Menschen
lernen würden zu warten.

*François Rabelais*

# Warten lernen

17.11.

"Abwarten und Tee trinken" hieß es früher. Warten erscheint auch heute den meisten Menschen unzumutbar, weil alles schnell gehen soll, denn "Zeit ist Geld". Die Regeln der Wirtschaft werden auf das menschliche Leben übertragen. Niemand will warten.

Der Advent lehrt dagegen das Warten. Es ist nicht eine lästige Pflicht, die mit bösartiger Absicht auferlegt wird, sondern sie zeigt die Haltung des Menschen, der sich Gottes Handeln unterwirft. Gott hat sein Kommen zugesagt. Das "Wann" blieb offen. Der Advent spiegelt eben jene Phase des hoffnungsvollen Wartens wider. "Wann kommt er nun endlich?", war die Grundhaltung, die Sehnsucht nach der Erlösung.

Das sehnsuchtsvolle Warten zeigt sich in Buße, Gebet und Fasten. Das Kommen des Herrn wird durch ein Fest begangen. Das Fastenbrechen nach der Fastenzeit hat im Englischen in der alltäglichen Routine des Frühstücks seinen Namen hinterlassen: Breakfast heißt das morgendliche Ritual.

Warten muss man lernen, weil jeder Mensch von Natur aus alles sofort haben will. Warten akzeptiert die vorgegebene Ordnung der Ereignisse durch andere, die Dominanz bestimmter Handelnder. Warten können und warten wollen sind deshalb kulturelle Errungenschaften, die zum menschlichen Zusammenleben gehören. Warten als Vorbereitung auf ein Ereignis hat im Christentum Tradition.

Wer wartet, wartet nicht nur auf andere und anderes. Wer wartet, kann auch zu sich selbst finden. Wer in sich selbst ruht, gewinnt wieder Kraft für neues Tun.

# 16.11.

Christus ist es, der die Tür in die Freiheit öffnet.

*Heinrich Bedford-Strohm*

# Die Gewissensprüfung
## ist wie ein Blick in den Spiegel

16.11.

Wenn wir in die Geschichte schauen, wird uns verständlich, warum bestimmte Feiertage eingeführt wurden. Die Grundidee zum Buß- und Bettag stammt aus Zeiten, wo Not, Krieg oder Gefahren herrschten. Die Landesfürsten riefen die Menschen zu Buße und Umkehr auf. Damals wie heute wissen wir nicht immer, mit unserer Schuld umzugehen, und erkennen unsere Schuld oft erst im Nachhinein.

Heute noch dient der Buß- und Bettag der Besinnung, der Reflexion des eigenen Verhaltens und der Pflege der persönlichen Gottesbeziehung. Für evangelische Christen ist dieser Tag ein wichtiger Feiertag und wird immer am Mittwoch vor dem Ewigkeitssonntag (Totensonntag, Christkönig) begangen. Anders als früher, wo die Schuldsuche im Gebet noch vor allem kollektiv und öffentlich begangen wurde, dient dieser Tag heute eher der persönlichen Gewissensprüfung. Wir alle stehen allein vor Gott, jeder für sich. Mit allen unseren Fehlern und Schwächen, unserem Versagen und unserer Schuldhaftigkeit suchen wir Vergebung und Versöhnung mit Gott. Die Gewissensprüfung ist wie ein Blick in den Spiegel und ergibt nur Sinn, wenn der Betrachter bereit ist, die Wahrheit anzunehmen. Buß- und Bettage setzen ein tiefes Vertrauen in Gottes Gnade voraus. Fasten bedeutet auch, ehrlich einen Blick in den Spiegel des eigenen Gewissens zu wagen.

# 15.11.

Jede Zeit ist Gottes Zeit.

## Wer sich, dem Leben und Gott vertraut, nimmt die Dinge gelassen

15.11.

Während der Pandemie und der Lockdown-Zeit haben es viele Menschen als Segen empfunden, „Ruhe zu halten". Für manche allerdings wurde die Zeit zu einer einsamen Zeit; für Familien zu einer anstrengenden Zeit und für andere zu einer Zeit, die sich anbot, die eigene Lebensweise zu prüfen. Sich zurückzuziehen, ist heute kaum noch möglich. Der Mensch als Sklave seiner Terminplanung und Erreichbarkeit. Diese Fastenzeit ist eine geeignete Zeit, mal wieder „Luft zu holen", auch im Alltag. Sich neu auszurichten, sich wieder neu einzurichten in die Alltäglichkeiten, die unsere Gesellschaft versucht, uns aufzustülpen; darum geht es. Fremdbestimmung entwickelt bei den meisten Menschen eine Dynamik, die sie nicht stoppen können. Man opfert die Freiheit, die eigene Zeit zu leben und einteilen zu können. Wer sich, dem Leben und Gott vertraut, nimmt die Dinge gelassen. Wer Angst hat, etwas zu verlieren, auf etwas verzichten zu müssen, beschleunigt. Menschen, die sich ihrer inneren Wirklichkeit stellen und sie bejahen, finden Ruhe. Menschen, die in jedem Augenblick bei sich präsent sind, gewinnen Zeit. Es gibt keinen Unterschied zwischen Arbeitszeit und Freizeit, jede Zeit ist freie Zeit, Zeit zu leben. Versuchen Sie, im Augenblick zu sein!

# 14.11.

Die wirksamste Medizin
ist die natürliche Heilkraft,
die im Inneren
eines jeden von uns liegt.

*Hippokrates von Kos*

# Topinambur
## mit geschmortem Salat

14.11.

### Zutaten
1 kleine Zwiebel, fein gewürfelt
2 EL Olivenöl
1 Knoblauchzehe, fein gehackt
10 Stück Topinambur, geschält
 und in Scheiben geschnitten
Kräutersalz und Pfeffer

1 kleiner Radicchio
1 Handvoll Vogerlsalat (Feldsalat)
 und Wildspinat gemischt
¼ Chinakohl bzw. ein anderer
 Saisonsalat
etwas Olivenöl
etwas Apfelessig
Kräutersalz
etwas Schnittlauch, in feine
 Röllchen geschnitten

### Zubereitung
Die Zwiebel im Olivenöl anschwitzen, dann Knoblauch und Topinamburscheiben in die Pfanne geben und mitbraten, bis die Topinamburen Farbe angenommen haben. Mit Kräutersalz und Pfeffer abschmecken.

Für den Schmorsalat die geputzten Salate in mundgerechte Stücke zupfen und in einer Pfanne mit etwas Olivenöl kurz schmoren. Mit etwas Apfelessig und 1 Prise Kräutersalz abschmecken. Mit Schnittlauch bestreuen und mit den Topinamburscheiben anrichten.

### Wissenswertes
Die aus Amerika stammende Topinambur-Pflanze rettete im 17. Jh. bei einer Hungersnot Auswanderern das Leben und kam so nach Europa. Hier wurde sie u. a. als Ewigkeitskartoffel oder Jerusalem-Artischocke bekannt, denn sie erinnert geschmacklich an beides. Zu ihren gesundheitlichen Vorzügen beim Fasten zählt das Dämpfen von Hungergefühlen und der hohe Inulin-Gehalt – ein Mehrfach-Zucker, den auch Diabetiker vertragen.

# 13.11.

Glück ist das Einzige, was wir anderen geben können, ohne es selbst zu haben.

*Carmen Sylva*

# Die Chance
## des freundlichen Augenblicks

13.11.

Wer Gott in seinem Leben Aufmerksamkeit schenkt, spürt mit der Zeit, dass sich etwas verändern kann. In der Woche, in der wir an die Mantelteilung des heiligen Martin denken, geht es nicht nur um das Teilen von Gütern. Es geht auch um den Blick in die Augen eines anderen, um den Augenblick, der tief berührt und bewegt; einen Blick, der freundlich lächelnd sagt: Du bist auch ein Teil dieser Gemeinschaft, ein Teil des Lebens. Du bist ein von Gott geliebter Mensch.

Denn der jetzige Augenblick verabschiedet sich in diesem Moment und tritt hinter den gerade beginnenden zurück. Die Chance, die im Augenblick liegt, ist nicht wiederholbar. Kein Augenblick lässt sich wegradieren, über Bord werfen, austauschen. Er bleibt unauslöschbar ein Teil deines Lebens. Wie eine Lebensperlenkette reiht sich ein Augenblick an den nächsten. Es mögen schmerzhafte, erfreuliche, krankmachende, heilende, trostlose, trostvolle, traurige und fröhliche Augenblicke deine Lebensperlenkette in den unterschiedlichsten Farben leuchten. So ergeht es allen Menschen unabhängig von Herkunft, Lebensweise oder Religion. Wir Menschen sind alle miteinander verbunden. Es liegt an uns, ob wir die Farbe des Lebens zum Leuchten bringen. Nutze den Augenblick!

# 12.11.

Glück ist das Einzige,
was sich verdoppelt,
wenn man es teilt.

*Sprichwort*

# Gemeinschaft mit anderen –
## Gemeinschaft mit Gott

Für die meisten von uns sind die Traditionen um den heiligen Martin noch aus der Kindheit präsent. Martinsumzüge mit bunten Laternen, die Martinsgans als Festmenü, bunte Leckertüten und viele Lieder. Ein Feuer, Martin auf einem Pferd, ein großes, glänzendes Schwert, das durch den roten Umhang blitzt, und ein Bettler, der vor dem Feuer hockt und Martin anfleht, ihm zu helfen. Heute heißen die Martinsumzüge oftmals „Sonne-Mond-und-Sterne-Fest". Dieser neue Titel wird dem eigentlichen „Gedenkfest" des großen Heiligen nicht gerecht, denn es geht um das Teilen mit Armen, um das Abgeben vom Überfluss oder dem nicht zum Überleben Nötigen.

Fasten hat eben auch mit Gemeinschaft zu tun. Ich gebe, weil ich geben kann, weil ich ein Teil der Gemeinschaft bin. Dazu gehört sicher auch Geld, um die Not anderer in meiner Umgebung oder in einem fernen Land zu lindern. Fastenzeit ist eine Zeit, in der ich lernen kann, das, was ich nicht brauche, anderen zu geben. Wenn ich faste, kann ich eventuell von meinen Vorräten einer Lebensmitteltafel etwas überlassen oder Kleidungsstücke bzw. Haushaltsbedarf Flüchtlingsfamilien bringen. Die Fastenzeit lädt uns ein zu teilen. Teilen können wir persönlich sehr viel mehr als nur Materielles. In erster Linie gilt es, Gott in meinem Leben mehr Aufmerksamkeit zu schenken.

## 11.11.

Hände, die teilen,
erzählen von Gott.

*Sprichwort*

# Wer teilt, gewinnt! – Sankt Martin

**11.11.**

So wie die Fastnacht als letzter Tag vor der österlichen Fastenzeit zu einem Schwellenfest wurde, erging es auch dem Martinstag. Der 11. November war schon lange vor Martins Lebzeit ein bäuerlicher Feiertag, an dem ein zweites Erntedankfest gefeiert wurde, denn nun war die Ernte verarbeitet und der neue Wein trinkbar. Weil Martin von Tours an diesem Tag begraben wurde, wählte man diesen Tag zu seinem Gedenktag. *Faire la Saint Martin* oder *martiner* heißt im Französischen nicht ohne Grund „gut essen und trinken". Mit dem Schwellenfest an Martini ist ein Heischerecht für die Kinder verbunden, die dann betteln, schnörzen oder gripschen dürfen.

Geboren wurde Martin um 316/317 als Sohn eines römischen Offiziers. Pflichtgemäß selbst Soldat geworden, wird Martin Christ. Aus der Armee entlassen, lebt er als Einsiedler, Mönch und Klostergründer, bis er zum Bischof von Tours berufen wird. Martin erlangt Berühmtheit als Heidenmissionar und Wundertäter.

Der römische Vorname „Martinus" nimmt Bezug auf den Kriegsgott Mars. Seit dem Tod Martin von Tours ist Martin jedoch ein christlicher Vorname: Der Soldat des Kaisers war zum Soldat Christi geworden.

Martin gilt in der Westkirche als der erste heilige Nichtmärtyrer (lat. *confessor* = Bekenner). Er wurde Patron des christianisierten Frankenreichs. In der darstellenden Kunst wird Martin vor allem als Ritter (= Reiter) auf einem Schimmel dargestellt, seltener als Bischof mit einer strahlenden Hostie über dem Haupt oder als Bischof mit einer Gans.

Erst die dem Konzil von Trient (1545–1563) folgenden Liturgiebücher schrieben den Advent gesamtkirchlich vierwöchig vor; Mailand hält bis heute an einem sechswöchigen Advent fest. Die reformatorischen Kirchen stehen in der römischen Tradition. Die Syrer bezeichnen die vier (Ostsyrer) bzw. fünf (Westsyrer) Wochen vor dem Weihnachtsfest als „Wochen der Verkündigung". Das 1917 erschienene Kirchenrecht (Codex iuris canonici) fordert das Fasten im Advent nicht mehr. Der Advent gilt aber bis in die Gegenwart als „geschlossene Zeit", d. h. aufwendige Feiern, Tanz und feierliche Hochzeiten sollen nicht stattfinden.

Fasten meint das bewusste und enthaltsame Leben, weniger essen und trinken unter Verzicht auf Alkohol; Meditation und Gebet werden gepflegt: Fasten will die Erfahrung und das Erlebnis der Wüste in unser Leben holen. Das wird auch deutlich an der Dauer der Fastenzeit, die vor Ostern wie vor Weihnachten 40 Tage beträgt, eben die gleiche Zeitphase, in der sich Jesus auf sein öffentliches Auftreten in der Wüste vorbereitete. Das Ziel einer Fastenzeit ist nicht Gewichtsreduktion, sondern die Ausrichtung auf Gottes Sohn, der uns von der Erbsünde befreit und zurück zu Gott führt.

# Fasten im Advent

Die Idee, zur Vorbereitung auf das Fest der Geburt Jesu eine Fastenzeit einzurichten, ist ziemlich alt. Seit dem Ende des 4. Jahrhunderts lässt sich in Spanien und Gallien eine zunächst dreiwöchige Vorbereitungszeit auf das Weihnachtsfest beobachten, die sich durch eifrigen Gottesdienstbesuch und Askese (Fasten, gute Werke) auszeichnet. Entstanden sein dürfte der Advent (auch: Adventsfasten, Adventquadragese, Tokunft unses heren, Singezeit, Quadragesima parva, Winterquadragese) unter orientalischem Einfluss. Nach Gregor von Tours (+ 594) hat Bischof Perpetuus von Tours (+ 491) eine vierzigtägige Adventfastenzeit nach dem Vorbild der österlichen Fastenzeit eingeführt, beginnend nach Martini (den Adventbeginn nannte man auch: caput adventus). Martini wurde zum Schwellenfest (Schlachttag, Martinsminne, Heischegänge, Lichterprozession).

Seit der zweiten Hälfte des 6. Jahrhunderts galt in der gallischen Liturgie das Adventfasten allgemein; pastoral akzentuiert waren Buße und Umkehr. Im 6. Jahrhundert lässt sich der Advent auch in Rom nachweisen, allerdings sechs Sonntage umfassend, was Papst Gregor I. (+ 604) zur Kürzung auf vier Sonntage veranlasste.

Manfred Becker-Huberti · Brigitte Goßmann

# ADVENTfasten
## Von St. Martin bis Weihnachten

Impulse

Rezepte

Brauchtum

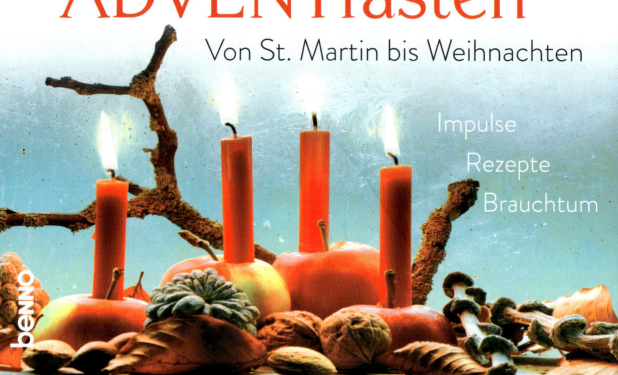

Der Advent begann früher schon am 11. November, dem Gedenktag des heiligen Martin, und endete zu Weihnachten. Er war eine 40-tägige Fastenzeit, ähnlich der Fastenzeit vor Ostern. Diese Tradition greifen der bekannte Brauchtumsforscher Prof. Becker-Huberti, die spirituelle Begleiterin Brigitte Goßmann und die Curhäuser der Marienschwestern auf. Für jeden Tag von St. Martin bis Heiligabend begleiten sie Sie mit praktischen Rezepten, geistlichen Impulsen sowie Erläuterungen zur Traditionsgeschichte. Erleben Sie mit diesem besonderen Fasten-Adventskalender eine bewusste und besinnliche Zeit der Vorbereitung auf die Geburt Christi.

**Manfred Becker-Huberti,**
geb. 1945 in Koblenz, Doktor der Theologie, Experte zum Thema christliches Brauchtum und seit 2007 Honorar-Professor an der Phil.-Theolog. Hochschule Vallendar, war fast zwei Jahrzehnte Leiter der Presse- und Öffentlichkeitsarbeit des Erzbistums Köln, zahlreiche Publikationen zu Festen und Bräuchen im Kirchenjahr.

**Brigitte Goßmann,**
geb. 1960 in Viersen am Niederrhein. Als erfolgreiche Autorin christlicher Literatur arbeitet sie freiberuflich auch in der Leitung und Begleitung von Exerzitien und Besinnungstagen.

**Curhäuser der Marienschwestern,**
seit mehr als 100 Jahren betreiben die Schwestern die Kneipp-Traditionshäuser in Bad Kreuzen und Bad Mühllacken. Sie gelten als 1. Zentrum Traditioneller Europäischer Medizin in Europa und sind auf Fasten, heilsame und bewusste Ernährung sowie Detox spezialisiert.

www.st-benno.de
978-3-7462-6198-0

**Bildnachweis**
S. 2: © Burkhard Mücke/CC-BY-SA-4.0 (Wikimedia Commons); 12.11.: © stock.adobe.com/Irina Schmidt; 13.11.: © stock.adobe.com/peterschreiber.media; 14.11., 24.11., 12.12., 19.12.: © Rudolf Laresser, Curhaus Marienschwestern GmbH; 15.11.: © stock.adobe.com/encierro; 16.11.: © stock.adobe.com/Eric Quezado; 17.11.: © stock.adobe.com/New Africa; 18.11.: © stock.adobe.com/Dozey; 19.11.: © stock.adobe.com/AVTG; 20.11.: © stock.adobe.com/zwiebackesser; 21.11.: © stock.adobe.com/timolina; 22.11.: © stock.adobe.com/ValentinValkov; 23.11.: © stock.adobe.com/Dmitry Naumov; 25.11.: © stock.adobe.com/Ric Ergenbright/Danita Delimont; 26.11.: © stock.adobe.com/Antoniogillem; 27.11.: © stock.adobe.com/katarinagondova; 28.11.: © lohner63/fotolia; 29.11.: © stock.adobe.com/jorisvo; 30.11.: © stock.adobe.com/Michael Wolf; 1.12.: © stock.adobe.com/kolyadzinskaya; 2.12.: © stock.adobe.com/nata_vkusidey; 3.12.: © stock.adobe.com/asiandelight; 4.12.: © stock.adobe.com/taniasv; 5.12.: © stock.adobe.com/Sergey Yarochkin; 6.12.: © stock.adobe.com/scerpica; 7.12.: © stock.adobe.com/smartape; 8.12., 16.12.: © Curhaus Marienschwestern GmbH; 9.12.: © stock.adobe.com/eyetronic; 10.12.: © stock.adobe.com/pilat666; 11.12.: © stock.adobe.com/vishnena; 13.12.: © stock.adobe.com/Conny Sjostrom; 14.12.: © stock.adobe.com/mnikolaev; 15.12.: © stock.adobe.com/olyapon; 17.12.: © stock.adobe.com/Serjedi; 18.12.: © Andreas Praefcke/CC-BY-3.0 (Wikimedia Commons); 20.12.: © stock.adobe.com/Supitchamcadam; 21.12.: © Smileus/fotolia.de; 22.12.: © stock.adobe.com/stockphoto mania; 23.12.: © stock.adobe.com/Romolo Tavani; 24.12.: © stock.adobe.com/Ju_see; 25.12.: © PixelDarkroom/shutterstock.com

**Textnachweis**
Die Rezepte sind für jeweils 2 Personen gedacht.
Die Rezepte dieses Kalenders wurden nach bestem Wissen und Gewissen erarbeitet und sorgfältig geprüft. Dennoch kann eine Garantie nicht übernommen werden. Eine Haftung des Verlages oder seiner Beauftragten für Personen-, Sach- oder Vermögensschäden ist ausgeschlossen. Sofern in diesem Buch eingetragene Warenzeichen, Handelsnamen und Gebrauchsnamen verwendet werden, auch wenn diese nicht als solche gekennzeichnet sind, gelten die entsprechenden Schutzbestimmungen.

Alle Rezepte © Curhaus Marienschwestern GmbH

Fasten im Advent, 11.11., 17.11., 19.11., 25.11., 27.11., 30.11., 4.12., 6.12., 13.12., 17.12., 24.12.: © Manfred Becker-Huberti

12.11., 13.11., 15.11., 16.11., 18.11., 20.11., 22.11., 23.11., 26.11., 28.11., 29.11., 1.12., 3.12., 5.12., 7.12., 9.12., 10.12., 11.12., 14.12., 15.12., 18.12., 20.12., 21.12., 22.12., 23.12.: © Brigitte Goßmann

Bibliografische Information der Deutschen Nationalbibliothek
Die Deutsche Nationalbibliothek verzeichnet diese Publikation in der Deutschen Nationalbibliografie; detaillierte bibliografische Daten sind im Internet unter http://dnb.d-nb.de abrufbar.

**Besuchen Sie uns im Internet:**
**www.st-benno.de**

Gern informieren wir Sie unverbindlich und aktuell auch in unserem Newsletter zum Verlagsprogramm, zu Neuerscheinungen und Aktionen.
Einfach anmelden unter www.vivat.de.

ISBN 978-3-7462-6198-0

© St. Benno Verlag GmbH, Leipzig
Umschlaggestaltung: Ulrike Vetter, Leipzig
Covermotiv: © stock.adobe.com/Stefan Körber
Gesamtherstellung: Arnold & Domnick, Leipzig (A)